JN440945

익숙한 것들에게

작별을.

서윤주 시집

『익숙한 것들에게 작별을』

첫 시작 말 _ 입구에서 10

끝맺음 말 _ 출구에서 142

1부

도시 속에서의 삶은 고달프다

아래로 향하는 모든 것에 대하여 14
열차는 열차대로 순환한다 17
그녀의 울음은 정류장처럼 19
도착하지 않는 환승 21
엘리베이터 안에서 23
빗속의 초록불 24
아파트에서 개 짖는 소리 26
밤은 자동문처럼 열리고 29
높은 곳에는 말이 없다 31
방음 처리된 풍경들 33
야경 아래의 문장들 35

2부

날 선 침묵

낯선 침묵 39

조용한 사람들 42

침묵의 무게 44

조용한 방의 사용법 45

이어폰 착용법 48

에스컬레이터의 중간 50

아무 일 자판기 52

대답하지 않은 메시지 54

작은 방의 지구본 56

의자와 나 사이의 거리 58

3부

인공적인 자연물에 관하여

지하수 63
조경석과 나의 상관관계 65
분수는 저녁 여섯 시에 멈춘다 67
유리 뒤의 계절 69
방파제에 대한 짧은 강의 70
숲을 안다고 믿었던 일 72
초록이라는 형식 74
도시의 결 76
유수 77
환한 것들이 너무 빨리 번진다 79

4부

인간에 관한 고찰

발성되지 않은 것들 84
인간 사용설명서 87
피부 아래의 소음 89
문 앞에서 맴도는 이름 91
나는 나를 본 적이 없다 94
사라짐에 대한 예의 96
무표정한 동물 98
방은 아직 거기 있다 100
나는 나를 모른다고 말했다 102
작동하지 않는 감정에 대하여 104
기억되지 않는 것들 107

5부

진실된 것들은 어디로 갔는가

유통기한 113

아무도 그 집에 살지 않았다 116

폭음주의 119

문은 안에서 잠겨 있었다 121

도시에는 밤이 없다 122

투명 인간의 사용법 124

보호색 128

시차 131

푸른 손바닥과 붉은 손바닥 135

익숙한 것들에게 작별을 139

첫 시작 말 _

입구에서

익숙한 길에
처음처럼 서 있다

반복되는 인사는
늘 어제의 대답이고

문은 열렸으나
들어가도 되는지는
묻지 못했다

나는 말 대신
고개를 숙이고
숨을 죽인다

이름 없는 것들 사이로
나를 데려다 줄
작은 문장을
조용히 펼친다

그리하여,
시작한다
아직 끝나지 않은
하루의 가장 낮은 자리에서

1부

도시 속에서의 삶은 고달프다

아래로 향하는 모든 것에 대하여

도시는 조금씩 매일 기울고 있다
엘리베이터는 늘 아래부터 출발하고
사람들은 문 쪽에 등을 붙인 채

조용히
서서히
구부러진다

지하철 2호선은 원을 그리며 도는데
나는 어디쯤에서부터 기울기 시작했을까
창밖 풍경은 자꾸만 뒤로 밀리고
맞은편 사람의 얼굴은
노선도보다 복잡한 환승 구간 같다

감정은 종점이 없고
침묵은 방향을 갈아탄다

역을 지나갈 때마다
고개가 동시에 움직이고
움직임이 하나의 경배처럼 느껴질 때
나는 이 도시가 신을 대신해 만든

방향을 생각한다

그 아래
소리 없이 흘러내리는 무릎들
잊혀져버린 책 한 권과 발끝에 걸려 흔들리는 귀가
시간은 마치

버팀목 없는 사람은
자기 그림자에도 등을 기대지 않는다

기울어짐을 드러내지 않기 위해
고요하게 무너진다

누구는 오른다고 말하지만
나는 물음표처럼 굽는다
척추의 곡선은 반복이고
반복은 곧 낙하다

세상은 점점 속력을 높인다
서랍 속 사표와 바닥에 낀 먼지
구겨진 영수증 그리고

퇴근 전에 지웠던 퇴사 메일

모두가 아래로
조금 더 아래로

열차는 열차대로 순환한다

어디선가
방금 내린 사람의 체온이
남아 있다

좌석과 좌석 사이 가방끈을 조이는 손들 침묵은 일정한 간격으로 흔들리고

문이 열린다
다시 닫히는 것들은
항상 너무 많은데

나는
같은 칸에서
다른 하루를 반복하며
누군가의 어제를 밟고 있어

스크린도어에 비친 내 얼굴은
늘 누군가를 닮았지만

단 한 번도
나였던 적은 없다

이동은
도망의 다른 말일까
어디에도 닿지 않는 속도로
도시는 제 몸을 휘감는다

반환점을 돈
전동차 안에서
나는 오늘도
목적 없는 방향으로
익숙하게.

그녀의 울음은 정류장처럼

창밖은 늘
뒤로만 간다
나는 앞으로만 간다는데

사람들이 서 있다
멈춰선 얼굴들 사이로
가게 간판이 흐려지고
골목의 개가 입을 벌린다

신호를
기다릴 때
어떤 여자가 전봇대를 붙든 채
울고 있었어

나는 모른 척
유리 너머로
사람을 지웠다

버스 안에서는 아무도 묻지 않는다 그가 어디서 타고 어디서 내리는지를 그녀의 울음이 정류장처럼 잠깐 머물다 지나간다

나는 오늘도
같은 시간
같은 자리에서

다른 풍경을 본다
익숙한 거리지만

문득
창밖 유리에 비친
내 얼굴이
울고 있었다

도착하지 않는 환승

길게 늘어선 발소리들
어깨에 닿았다가
미끄러진다

각자의 목적지가
우리 사이를 갈라놓고
눈빛은 말없이 지나간다

나는 그에게 말을 걸지 않았고
그도 나에게 등을 돌렸다

이곳은 아무도 오래 머물지 않는다 잠깐 기대어 서 있다가 삐 소리에 따라 움직이는 예의 바른 이별의 장소

버스는 오지 않는다
열차는 떠났고
손에 쥔 휴대전화가
진동하다가 멎는다

나도 그랬을까

누군가에게는
잠깐 머물다
갈아타버린 사람

엘리베이터 안에서

버튼을 누르고 아무 말 없이 거울을 본다 거기에는 오늘도 아무 표정 없는 내가 있다 누군가가 타고 내릴 때마다 우리는 조금씩 뒤로 물러나고 더 좁아진 거리 안에서 끝내 말 한마디 없이 숫자만 바라보다가 층이 바뀌면 인연도 끝난다 문이 열리기 전까지는 누구도 먼저 눈을 마주치지 않고 눈을 마주친다 해도 피하는 데 더 익숙하다 가끔 누군가의 손등이 내 팔에 닿아도 사과는 없고 무의미한 몸짓 하나로 무사히 넘긴다 나는 15층을 누르고 그는 4층을 누른다 둘 사이의 숫자만큼 침묵이 길어지고 잠깐의 멈춤은 멈춤이 아니라 지나가기 위한 준비라는 걸 모두 알고 있다 누군가는 열림 버튼을 눌러주고 누군가는 그냥 나간다 나도 언젠가 그렇게 나가겠지 문이 닫히면 다시 우리는 아무 일도 없었던 사람들로 남는다 마주친 적 없고 기다린 적 없고 어쩌면 같은 건물에서 일한다는 사실조차도 모르는 채로

빗속의 초록불

우산을 들고
하얀 선 앞에 기대
빨간불이 무언가를 금지하고 있다
말은 하지 않지만
모두가 그 말에

그 사이
내 안에서 무너지는 것들을
신호등은 알지 못한다

누군가는 하이힐을 신었고 누군가는 흠뻑 젖은 바지를 끌며 걷지 우산은 제각각이고 걸음도 제각각이다 하지만 같은 신호에 선다

사람들이
조용하다

말 없이 휴대전화를 들여다보거나 신발끈을 만지작거리거나 가방끈을 두른다

나는 가만히

문득 고개를 들었다 건너편에서 나를 똑바로 바라보는 사람이 있었다 그는 나를 아는 눈빛이었고 나는 그를 모른다는 확신으로 답했다

초록불이 켜진다
사람들이 움직인다

건넜고
지나쳤고
잊었다고 생각했는데

뒤돌아보니
빗방울이 멈췄다
사람들은 모두 사라지고
횡단보도 위에
내 발자국만

아파트에서 개 짖는 소리

벽이 짖는다 밤마다 낯선 소리로 스며드는 동그란 울음이 있다 누가 짖는 건지 짖히는 건지 구분하지 못한 채 이불을 더 깊숙이 당긴다 짖는다는 건 무언가를 막고 있다는 뜻이기도 하다

누군가 오고 있다는 예감이기도 하니까

울음은 매일 같은 시각에 깨어나 벽을 두드린다 아무도 없는 복도를 오가며 발자국을 남긴다 발자국은 아침이면 지워져 있다 다시 일상의 신발을 신는다 층간의 공기는 서로의 목소리를 닮아간다 욕설과 자장가가 함께 스며든다 낯선 숨결들이 벽을 통과해 들어오고 방 안에 눕는다 나도 모르게 그들과 숨을 맞춘다 밤마다 울음은 문을 지킨다 벽은 아무 말 없이 그것을 받아 적는다

언젠가 그 기록이 벽 틈에서 발견될지도 모르지

짖지 않는 순간에도 신경을 긁는다 오늘도 어김없이 벽은 나를 향해 입을 연다 말은 하지 않고 소리로만 채워진 밤을 남긴다 그 소리 속에서 잠들지 못

한 채 살아 있다는 사실을 다시 확인한다 내 안의 울음은 여전히 목줄을 끊지 못하고 이불 밑에서 웅크려 있다 언젠가

그 울음이 벽을 뚫고 나갈 날이 올까

아니면 벽 속에 묻혀 더 이상 들리지 않게 될까 오늘도 벽이 짖는다 그래서 나는 오늘도 살아 있다 벽과 내가 서로의 울음을 나누며 산다

내 안에도
울음 한 마리
들어와
살고 있다

아직 이름을 갖지 못한 울음으로

언젠가 이름을 얻을지 아니면 끝내 벽 속에서 익지 못한 메아리로 남을지 모른다 다만

오늘 밤도 벽은 입을 열고 있어
아무 일 없는 듯 서 있지만
앞에서 조용히 짖는 소리와 함께
또 하나의 밤을
건넌다

밤은 자동문처럼 열리고

이곳의 시간은
항상 3분 단위로 끊긴다

전자레인지가 울릴 때마다
누군가는 입을 다물어

유리문이 열리고
희미한 음악이 따라 들어온다

라면을 집었다가

다시 내려놓는 손

누군가는 방금 전보다 조금 더
외로워져서

유통기한은 끝날을 예고하고 진열대 가장 안쪽의 샌드위치는 손에 닿지 않는 안부처럼 눌려 있다 바코드가 한 번씩 울릴 때마다 오늘 하루가 조용히 그러나 확실하게 하나씩 줄어든다

계산대 너머
교복을 입은 알바생은
이름표를 가리고 있다

사람들은 이름 없이
물건만 기억하고

불빛은 계속 켜져 있다
밤은 단 한 번도 끝난 적 없으며
나는 가끔 이곳에

살아 있다는 걸

사소하게 계산하러 온다

높은 곳에는 말이 없다

나는 가끔
옥상으로 간다

도시의 숨소리는
항상 아래에 있으니까

엘리베이터는 최상층까지만 가고
그 위는

텅 빈 물탱크 옆에 담배꽁초가 쌓여 있고 누렇게 바랜 전단지가 구겨진 채 철제 난간에 걸려 있어 누군가 벗어둔 슬리퍼는 한 짝만 남아 있고 콘크리트 틈엔 마른 잡초가 자라나 있다 구석에는 투명한 페트병이 누워 있는데 그 안에는 마치 버려졌다는 사실도 모른다는 듯 조금의 물이 남아 있어

어떤 삶은
이렇게 고여 있다가
하늘로 먼저 증발해버린다

나는 말을 하지 않는다

바람이 무겁고

옥상은
모든 풍경이 뾰족해서
감정이 납작하다

누군가는 아래를 보지만
나는 하늘을 본다

그게 더
깊어 보이니까

방음 처리된 풍경들

앞차의 범퍼가 나의 하루를 막고 있다

옆 차선에서는
누군가 입을 벌렸지만
소리는 들리지 않고

차창 너머로
사람들이 빠르게 움직인다
나는 움직이지 않는다
속도계 바늘만
나를 보고 있다

한 손은 핸들 위에
다른 손은 볼륨에 닿아 있다
라디오는 날씨만 말한다

달리는 차창 밖으로 풍경이 부서지듯 흘러가고 전신주가 뒤로 튕기며 사라지고 같은 간판이 몇 번이고 반복되고 차선은 속도를 잃지 않는다 뒷좌석에 실은 목소리는 끝내 목적지를 말하지 않는다

이 거리는 방음 처리되었고
나는
이 거리에서 조용히.

야경 아래의 문장들

빛은 멀리서 올수록 차갑고
건물은 서로의 그림자를 숙소 삼는다

누군가는 퇴근하지 못한 얼굴로
길을 걷고
누군가는 목적 없이
계단을 오른다

배달음식 봉투가 문 앞에 쌓이고
대화는
문자에서
이모티콘으로

불 꺼진 창마다
하나씩
머물다 사라진 목소리

나는 오늘
아무에게도 들키지 않고
집에 도착했을까.

2부

날 선 침묵

낯선 침묵

버스 창에
겹쳐진 얼굴은
내 것이 아니었다

옆자리 어깨가
조용히 닿는다
사과도
시선도 없다

말보다 먼저 침묵이 자리를 정리한다 때로는 대화가 시작되기도 전에 이미 끝나버린 결론처럼 우리 사이를 덮어버리는 일이다 말의 가능성을 닫아버린다

동시에

서로의 몸짓과 호흡을 가장 가까이에서 정리해주는 묘한 질서지

유리 위로
비가 흘러내린다

물방울의 속도만큼
우리는 가까워졌다

기
　울
　　어
　　　진
　　　　다

차체가
동시에 몸을 흔들어
잠깐의 동행을 남기지만

정류장 이름이 불리고
문이 열린다

나는 내리지 않았고
그는 내려갔다

그 순간까지도
묻지 않는다

어쩌면

가장 깊은 연결은
대화가 아니라
사라진 자리에서 시작된다는 걸

조용한 사람들

우리는
늘 가장자리에서 만난다

회의실 끝
버스 맨 뒷자리
엘리베이터 구석
눈을 맞추지 않아도

알아본다
알아보지 못한다

아무 말 하지 않아도
말이 지나간 자리에서
조용히 고개를 끄덕인다

대화는
시작되지 않아도 괜찮고
침묵은오히려 더 안전하다

사람들이 떠난 후에만
우리는 조금 웃는다

그 웃음은
누구에게도 설명되지 않는다

조용한 사람들 사이에선
고백이 필요 없었다
고백 대신
서로의 침묵을 내어주면
그걸로 충분했다

침묵의 무게

사람들이 웃고 떠드는 소리 속에서 나는 늘 입술을 다문다 말하지 않는다는 건 때로는 무심함처럼 보인다 때로는 불편함처럼 비쳐진다 사실은 그 어떤 것도 견디지 못한 채 마음속에서만 계속 대답을 쓰고 지우는 일이었다

질문이 연계될 때마다 숨이 목구멍에 걸린다 고개를 숙이는 게 유일한 방어다 나는 자꾸만 말을 삼키고 말들은 내 안에서 굳어진다

작은 돌멩이처럼, 돌멩이.

시간이 흐를수록 그 돌멩이들은 모여 무게가 된다 나는 더 깊이 가라앉는다 아무도 모르는 얼굴로 웃어야 했다 웃음 속에서만 가까스로 숨을 쉬었다

결국
아무도 묻지 않는 밤이
내겐 가장 가벼운 시간이었다

조용한 방의 사용법

사람들이 떠난 뒤에야
나는 불을 켠다
낯선 발자국이 남지 않은 바닥 위에서만
안심하고 걷는다

낮 동안 쌓인 대화들은
문 앞에서 정지해 있다

그것들을 열지 않고
조용히 가방 속에 넣어둔다

종종

너무 무거워져서
어깨가 기울지만
아무도 눈치채지 않아

거울 앞에 서면
표정은 늘 같은 위치에서 멈춰 있고
나는 그 멈춤을 습관이라 부른다

습관은 나를 보호하고
보호는 곧 고립이 된다

전화벨이 울릴 때마다
심장은 낯선 알람처럼 뛰고

결국 벨은 멎는다

침묵이야말로
내가 원하는 대화의 방식이라는 걸
말하지 않고도 안다

조용한 방에서는

책장이 벽처럼 서 있고 창문은 바깥보다 안쪽을 더 깊게 비춘다 그 안에서 목소리를 되뇐다 메아리는 짧고 그 짧음 속에서만 나를 증명한다

사람들이 말하는 고립은
외로움의 다른 이름

그러나

고립은
조용히 살아남는 법이었다

소음을 삼킨 얼굴이 아니라
소음으로부터 멀어진 얼굴로
나는, 오늘도 방을 사용한다

이어폰 착용법

나는 음악을 듣지 않는다
오히려
세상의 소리를 줄이기 위해 귀를 막는다

버스 안에서
사람들의 대화는 바깥 창문에 부딪혀 흘러가고
나는 줄에 매달린 귀 한 쌍처럼
조용히 흔들린다

선은 길지만
어디에도 닿지 않는다

마치
누군가와 연결된 것처럼 보이지만
실은 나를 묶어 두는 끈 같다

가끔
버튼을 누르지 않고도
나는 충분히 고요하다
세상은 여전히 말하고 있지만

귓속에서만
작게 호흡한다

누군가 어깨를 두드릴 때마다
볼륨을 키운다
음악은 없는데
침묵이 점점 커진다

그때의 나는
대화가 아니라
파도 소리에 잠겨 있는 조약돌처럼
말없이

닳아간다

에스컬레이터의 중간

모두가 위로 올라가거나
아래로 내려간다

나는 중간에 서 있다
움직이지 않으면서
자동으로 움직인다

발밑은 계속 흘러가지만
내 마음은 어디에도 닿지 않고

손잡이를 잡아도
그건 단단한 지지대가 아니라
나를 천천히 떠밀어내는 속도

앞사람의
뒷모습은 멀어지고
뒷사람의 발끝은 가까워지는데
나는 그 사이에서
어느 쪽에도 속하지 않는다

종착은 정해져 있고

내가 선택할 수 있는 건 없다
그래서 내려가야 할지
올라가야 할지
나는 끝내 말하지 않는다

에스컬레이터는 멈추지 않고
나는 중간에서
가장 오래 머무는
사람처럼

움직이고 있다

아무 일 자판기

거리에 남아 있는 건
자판기 하나뿐이다

형광빛 속에서
음료들은 줄지어
아무 말 없지만
각기 다른 목소리를 품고 있다

동전을 넣을 때마다
짧은 대화가 시작된다
떨어지는 금속음은
누군가의 고백처럼 가볍지

버튼을 누르기 전
나는 잠시 망설인다

콜라는 분노 같고
커피는 피로 같고
물은 아무 말 없는 사람 같다

뽑히지 못한 음료가

늘 남아 있다는 사실이
문득 서운하다

나는 물을 뽑는다
아무 말 없이 매번 그 자리에
있었던 것 같아서

대답하지 않은 메시지

휴대폰 불빛이
먼저 방 안을 밝힌다

짧은 문장을 적었다가
지운다
다시 쓰다가
또 지운다

단 한 번도
전송 버튼을 누르지 못한 채
손끝에서 사라진 문장들이
책상 위에 먼지처럼 쌓인다

읽음 표시가 떠 있는 채로
시간은 자꾸만 길어지고

그 공백을 메우기 위해
다른 문장을 꺼내지만
끝내 닿지 못한다

보내지 못한 말들은

지워졌다는 사실조차 남기지 않는다

사라진 적도 없다
삭제된 기록보다
더 오래 남는다

나는 오늘도
화면 속에서만
대답하는 사람이다

전송되지 않은 인사와
끝내 눌리지 않은 마침표들이
내 하루를 대신 채우고

아무도 모르는 세계에서

작은 방의 지구본

책상 위 작은 지구본을
밤마다 한 번씩 굴린다

바다는 늘 파랗게 웃고
도시는 작은 점으로만 남는다

손끝으로 돌리면
세계는 쉽게 속도를 얻지만
그 속도로
어디에도 닿지 못한다

대륙이 스쳐 지나가는 동안
북극은 내 머리맡에
사막은 내 베개 곁에 닿아 있다

가장 많이 멈추는 곳은
내가 가본 적 없는 나라들
내가 부른 적 없는 이름들
그곳은 나를 모른다
그리고 나도 그곳을 모른다

나는 지구본을 돌리고
세계는 제자리로 돌아온다
돌아오지 못하는 건

의자와 나 사이의 거리

비어 있음
하나

앉지 않는 자리
앉을 수 없는 자리
사람 · 사람 · 사람
(   )
나

고개 끄덕임 대신
철제 다리의 삐걱임

대화 →
의자
차단

나는
빈자리의 그림자에 앉아 있다

말 없음 = 호흡
침묵 = 인사

오늘도

사람들 사이

공백 하나만큼

내가 존재한다

3부

인공적인 자연물에 관하여

지하수

물방울 하나가 떨어진다
천장 모서리에서, 귓속을 울리며
똑, 똑—

이른 새벽의 고요를
자신의 무게로 찢는 중이다

누군가는 그 물줄기를 돌려보려 했다 휴지로 막아보고 플라스틱 뚜껑을 덮어보기도 했다 그러나 물은 멈추지 않았다 그치라는 말은 습기처럼 벽을 타고 내려갈 뿐이다

물은
포물선을 그리며
떨어진다

작은 소리를 반복하며
그 곡선은 어쩌면
등뼈를 타고 흐르는

하지만 반복은 음악이 아니다
하강하는 의지

혹은 의지 없이 계속되는 하강

그러던 어느 날
물이
멈추었다

결심으로도
조작으로도 아닌
스스로의 낙하를 접었다

그는 자신이 흘러온 자리를 바라본다 벽지는 얼룩졌다 곰팡이는 테두리를 키웠다 균열은 조용히 벌어졌다 하지만 지금 어떤 것도 적시지 못한다 한때는 바위를 뚫겠다고 믿었다 단단함에 금을 냈다 물이 무늬를 남기길 바랐다

물방울은 사라지지 않았다 다른 방향으로 흐를 뿐이다 낙하를 멈춘 물은 땅속으로 스며들었다

그 순간이
가장 조용한 진동이었다

조경석과 나의 상관관계

아파트 단지 중앙 길게 홈이 파이고
그 위에 돌들이 놓여 있다

비바람에 깎인 것도 아니고 무게에 눌려 스러진 것도 아니며 산에서 굴러 내려온 흔적도 없어. 다만 누군가의 계획 아래 계절과 무관한 시점에 크기와 각도를 계산한 손에 의해 일자로 삼각형으로 보기 좋은 모양으로 조심스럽게 놓여 있다.

잔디는 자라다 마르고
아이들은 한때 그 위를 뛰어넘었지

지금은 아무도
그 돌을 보지 않는다

물길은 없지만
이끼는 자라지 않지만
그 돌은 여전히 거기에 있다

가끔 그 옆 벤치에 앉는다

누가 나를 여기다 놓았는지는 모르겠지만
움직이지 않고 있다는 점에서
나도
그 돌과 크게 다르지 않다

분수는 저녁 여섯 시에 멈춘다

아파트 광장 중앙에
시간에 맞춰 물을 뿜는 분수가 있어

햇살 아래에서
물기 어린 무지개가 떠오르고
아이들이 물 가장자리를 뛰어다닌다

사진들이 찍히고 웃음이 기록되지

하지만 이 모든 것은
저녁 여섯 시 전의 일이다

분수가 잠드는 시간이 되면
기계는 멈춘다
물줄기는 천천히 힘을 잃고
바닥의 노즐이 들숨처럼 가라앉는다
잔물결이 차분히 가라앉는 동안
광장은 말없이 비워진다

그 순간을 누가 보았는지
나는 잘 모른다

물은 고요하게 물기를 거두고
공기의 흐름도 사라진다

아이는 돌아가고
부모는 가방을 챙긴다
사진은 저장되지만
그 장면의 소리는
이내 없앤다

해가 낮게 눕는 시간에 분수는 형태만 그대로 남고 움직이지 않는 기념비처럼 그 자리에 서 있으며 나는 그 앞을 지나며 생각한다 누군가의 감정도 말도 웃음도 정해진 시간에만 작동할 수 있다면 우리는 어디서 멈춰야 할까

오늘도 분수는 정확하게 멈췄고
나는 여전히
멈추는 법을
모른 채 서 있다

유리 뒤의 계절

백화점 외벽에 폭포가 있다. 유리벽을 따라 물이 흐른다. 아침부터 저녁까지 같은 속도로 흘러내린다. 물은 쉼 없이 쏟아지지만 어디에도 닿지 않는다. 젖는 것도 없다. 스며드는 일도 없다. 지나가는 사람들은 가끔 고개를 돌린다. 어떤 아이는 손을 뻗고, 어떤 어른은 셀카를 찍는다. 아무도 오래 머물지 않는다. 물소리는 있지만, 물의 감촉은 없다. 그 아래 벤치가 있다. 거기 앉아 한참을 보고 있었다. 내 옆에 앉은 사람은 아무 말도 하지 않았다. 우리는 같은 풍경을 보고 있었지만 다른 곳에 있었다. 물은 여전히 흐르고 있었다. 돌은 마르고 있었고, 아이는 이미 떠났고, 나는 아직 앉아 있었다. 물은 눈앞에서 폭포처럼 떨어졌지만, 단 한 번도 나를 적시지 않았다. 그 물은 흙을 한 번도 만진 적이 없다. 그렇다면 그것은 정말로 물이었을까.

방파제에 대한 짧은 강의

물을 받아낸다
분노와 입김
다시 지워지는 말들
말이란 원래 젖어 있다

나는 흠뻑 젖은 채
누군가의 돌아섬을 등으로 막고
파편을 삼키며 가만히 있었다

그들이 발을 딛고 지나가며
안부도 없이 흔적을 남겨도
나는 기꺼이 그 자리에 있었다

한 번도 안쪽으로 걸어본 적 없다
이름도 없이
물과 육지 사이,
어디에도 속하지 못한 채

파도는 다시 온다
늘 같은 말로
나는 다시 부서지고

그래도
내게 기대어 바다를 보는 사람들이 있다

숲을 안다고 믿었던 일

숲은 없다
하지만 나는
매일 숲의 냄새를
마신다

어제는 편백, 오늘은 삼나무, 내일은 더 깨끗한 향일지도

공기 속을 떠다니는 입자들은 잎의 모양을 흉내내고나는 그것이 초록이라는 이름을 가진 공기라는 사실을
너무 자연스럽게 받아들인다

(초록이라는 건 없다)

숨을 깊게 들이마시면 숲에 다녀온 것 같다
벽지는 나뭇결무늬고, 향은 디퓨저에서 나오고 창문은 닫혀 있고, 바람은 지만 공기청정기는 조용히 작동한다

(나무는 한 그루도 없다)

모든 것은 수치로 표시된다 향은 계량된다 초록은
인쇄되어 나온다 우리는 나무를 보지 않은 채 숲을
상상하고 스며들지 않는 공기 속에서 위로를 찾지

마시고 또 마시고 그것을
자연이라 믿으며
상쾌하다고

숲에서 울어본 적이 없고
숲이 내게 울었던 적은 많다

그런데도 나는
숲을 안다고 믿는다

공기청정기는 오늘도 켜져 있다
숲은 없다
그러나 냄새는 사라지지 않고

이 방 안의 숲을 키운다

초록이라는 형식

도로의 척추에
풀을 이식했다

비가 오면
시멘트는 잠깐 연약해지고
풀잎은 더 푸른 척을 한다

계절이 바뀔수록
나무는 자라지 않고
이름표만 바뀐다

(도심녹지대 3-2 시민쉼터지정구역)

낮에는 산소가 되고
밤에는 쓰레기가 된다

지나가는 발끝들이
숨처럼 찍히고
껌처럼 붙는다

누군가 심은 것을

아무도 기억하지 않는다

가장 가까운 나무에게 말을 걸었다
그는 대답하지 않았다
그럴 수밖에,

나는
소음을 먹고 컸으니까

도시의 결

매일 같은 길을 걷는다 사람들은 그 길을 자연이라 부른다 화강암 무늬를 흉내 낸 타일들이 정렬되어 있다 사계는 덧칠되듯 올라앉는다 봄에는 벚꽃 사진이 프린트되고 여름에는 얼음컵이 녹아 바닥에 맺힌다 가을은 낙엽 대신 전단지를 뿌리고 겨울은 스노우 스프레이가 붙는다 타일은 흠집이 나지 않고 결도 반복된다 같은 돌 방향 반사광 감정을 흘려도 흡수하지 못하는 돌 나는 이따금 발끝으로 확인한다 지금 밟고 있는 게 자연인지 모방인지 아이가 돌 위에 낙엽을 놓고 이름을 쓰다 번진 잉크를 닦고 떠났다 다음 날 그 자리는 깨끗했다 마치 아무 일도 없었다는 듯 비가 와도 씻기지 않고 바람이 불어도 흔들리지 않는 것을 단단함이라 배웠다 나는 가끔 생각한다 우리가 걷는 이 길이 자연이 아니라면

우리도 자연이 아닐 수 있다는 것을.

유수

파도는
정해진 시간마다 밀려온다

몇 분마다 사람들이
동시에
소리친다

누군가는 미끄러지고 웃는다
그러나 아무도 젖지 않는다

(마음은 젖는다)

부표는 플라스틱이고
심해는 없다

기억처럼 반복하는
물결 아래서

나는 어제를 떠올리려
눈을 감아

물이
밀려왔다가
다시 밀려간다

잠깐의 동요
그러나 익사는 없다

모래는 닿지 않고 햇빛은 조명처럼 위에서 내린다
그 안에서 우리는 익숙하게 요동치고

그저 그럴 뿐이다.

환한 것들이 너무 빨리 번진다

낮은 풀숲에서

처음 발견된 건

눈이었다
정확히는
너를 쳐다보고 있는 듯한 무늬

사람들은 카메라를 들고
그것의 이름을 검색했다

(아직 한국말로는 안 나와요)

어디선가
흘러들었을 거라며
누군가는 웃고
다른 이들은 방역을 논했다

너는 말이 없었다
그저
햇빛을 따라

몸을 늘렸고
이미 자리를 넓혔다

오래된 담벼락 위로
덩굴이 올라가고
퇴근길 발끝에 너의 꽃잎이 묻었다

바람이 불면
꽃가루가 먼지처럼 날리지
기침하고
환기창을 닫는 집들이 생겼다

너는 어디서 왔을까
누가 데려왔고
왜 아무도 묻지 않았지

너는 무성했고
나는 침묵한다

도시는
환한 것들을 오래

견디지 못한다

그건 늘 너무 빠르게 퍼지고
늦게 지워지기에

4부

인간에 관한 고찰

발성되지 않은 것들

인간은

아니 사람은
대화와

대화가 아닌 것들이 모여 상투적으로, 인간이란 존재가 마치 떠다니는 구름 같다 인사와 인사가 아닌 비언어가 섞이고 그걸 지켜보는 나는

인간이 인간이 아니라면 사람이란 말은 껍질이고 그 안엔 들리지 않는 소리들이 살고 있어

걸음과 걸음 사이
잠깐 머뭇거리는 발끝에
나는 나를 붙잡는다

그렇다면 나는 사람 사이를 흘러가는 사람 비슷한 것일까

말을 하지 않아도 대화는 일어난다 대화 같지 않은 말들이 진심처럼 퍼진다 눈빛 하나에 의미가 달

라진다 침묵은 가장 큰 발성이 된다 나는 그 틈에서
말을 잃는다 사람이라는 단어를 자꾸만 더듬었다

그래서 나는
네 앞에서조차 내가 사람이라는 걸 증명할 수 없어

말보다 먼저
감정을 버렸다
고개를 끄덕이는 대신
가만히 배웠다

사람이라는 말이
자꾸만 나를 비껴갈 때면
나는 그 단어를 입안에 넣고 씹고 또 씹었지만
끝내 아무 말도 되지 않았다

흩어지는 얼굴들 속에서
나를 놓치지 않으려
거울 앞에서 입을 벌렸다

사람인 척

그게 전부였다

그게 인간이라면
그게 인간일 수 있다면
나는 오늘도 그렇게 살아 있다고

말할 수 있을까

인간 사용설명서

기본 제공 기능
: 표정, 음성, 망설임

작동 환경
: 타인의 시선, 사소한 온기, 낮은 온도

주의 사항

고온에 노출 시 눈물 발생 가능
과도한 질문은 침묵으로 처리됨
반복된 거절은 시스템을 멈추게 함

설정 방법
: '괜찮아요'를 눌러주세요
: '다 잘될 거야'를 업데이트하세요
: 웃음을 기본값으로 저장하세요

(일부 감정은 사전 설치되지 않았을 수 있습니다)

고장 증상
공허함을 느끼는 중

예고 없이 혼잣말을 시작함
무리하게 사용 시 자책이 동반됨

보증 기간
: 알 수 없음

A/S 불가 항목
: 기억, 상처, 말하지 못한 마음

(본 제품은 설명서대로 작동하지 않을 수 있습니다)

정확히는
한 번도
작동한 적 없었습니다

피부 아래의 소음

사람은 조용한 얼굴을 하고
폭음을 참는다

웃음은 봉인이다
피부 안쪽
끓고 있는 말들이
이를 간다

괜찮아요는 입구에서 검열받은 비명이며 침묵은 예의가 아니다 내면은 언제나 소란스럽다

볼 안쪽에서
터진 감정 하나
피멍처럼 물든다

나는 늘
웃는 얼굴로
불을 삼켰다

그러나 미소 아래
피부 아래

소음은

자란다

차마 말하지 못한 것들은

소리 지르지 않고도

문 앞에서 맴도는 이름

여기 들어가도 될까요

된다고요? 감사합니다

신발을 벗고
허리를 숙인다
조용히 조용히

여기 계셨군요

웃는다
나는 있어야 할 자리에 있다
너무 많지도, 너무 적지도 않다
환영받을 만큼만 존재한다

괜찮으신가요?

대답한다
감사합니다

하지만 질문이 남는다

여긴 어딘가

손바닥을 인식시킨다

기록 없음

한 걸음 물러선다
용인되었는지
초대받았든지

지금, 어디에 있을까

뒤를 돌아본다
문이 있다
문이 없다

여기, 들어가도 될까요.
아무 대답이 없다.

손끝으로 두드리며 서 있다

문이 열릴 것이라는 일말의 기대 없이

소리가 나지 않는다 목소리를 낸다 목소리가 들리지 않는다 내 앞에서 문이 열리고 그를 따라 나가려 한다 출입 권한이 없습니다 라는 말만이 내 머릿속을 잔뜩 메우고 나는

보지 못한다

그는 문을 통과한다

그렇지만 나는 문 앞에 있다.

문이 다시 열린다

한 걸음 나아간다

문은 어디로 이어질까

나는 나를 본 적이 없다

거울은 나를 따라 하지만
나를 대신하지는 못한다

사진 속 나는
눈을 뜨고 있지만
나를 보지 않는다

누구의 시선 속에서도
다르게
서 있다

비틀린 각도
말없이 수정된 윤곽선

나는 나를
직접 본 적이 없다
언제나
비추어진 나만
보았지

타인의 눈빛에 내 모습이 자라고 그 기대 속에서

나는 매번 새로 만들어진다 나는 내가 만든 적 없는
나로 살고 있다

그래서 때때로
눈을 감고
나를 더듬는다

어둠 속에서만
조금 진짜 같아지는
나를

보는 것보다
닫는 것이
무서울 때도 있다

사라짐에 대한 예의

나는 점점 가벼워진다
발끝부터 허공으로 스며들며
몸은 바람과 섞인다

내 이름은 바람 따라 흩어지고
그림자는 긴 어둠 속에 묻힌다

나는 묻는다
어디까지가 나인지
어느 순간부터 사라졌는지

잊힌다는 건
남긴 흔적이 먼지처럼 내려앉는 일이야

사라지는 나는
무엇을 남기고
무엇을 내려놓아야 할지 생각한다

붙잡았던 기억들은
차갑게 식고
손끝에 닿는 시간마저 흐릿해지면

사라짐은 도망이 아니다 또 다른 존재 방식 내가 아닌 것들이 내 몸을 대신할 때 가벼워지려 한다 무거운 말과 마음을 내려놓고 사라짐의 예의란 부드러운 흔적이 되는 일 지나간 바람 속 고요한 빛으로 번지는 것

하지만 끝은 아닌

남은 이들에게 침묵으로 말한다
사랑했으며 두려웠다 그리고 침묵했다고

흩어진 자리에서
새 숨결이 자라나길 바라며

그것이 나의
마지막 인사

무표정한 동물

엘리베이터 안에서
누군가의 손등이
스친다
사과는 없다
몸이 먼저 알고
말은
입 밖에 없다

문이 닫히기 전까지
우리는 아무것도 묻지 않았다
눈을 마주쳐도
보지 않았다

골목 어귀
개가 짖는다
누구를 향한 것도
아닌
소리

거울 속 나는
웃고 있다

표정보다 먼저 배운 건
순서대로 눌러야
도착한다는 것

짐승은
도망치거나
물거나
둘 중 하나지만

나는
가만히 있었고
아무 말도 하지 않았다

오늘도
이 도시엔
짖는 법을 잊은
동물들이
출근 중이다

방은 아직 거기 있다

창틀에 낀 먼지를
털어내다

할아버지의 기침이 묻었다
그 소리가
바닥에 묻은 줄로만 알았다

벽지 아래의 곰팡이는 여름의
울음소리를 기억한다
비가 내리는 날마다 할머니는
성경을 물티슈처럼 쥐었다

방바닥엔 아직도 우리 여름이 눕고 겨울은 천장에서 내린다 할아버지가 쓰다 만 담배 한 개비처럼 누운 자리에는 가끔씩 햇빛이 핀다 할머니는 그럴 때마다 쓸고 닦고를 반복했고 그 자리에만 우리가 살았다는 걸 이제 안다

짐을 실은 트럭이 돌아설 때 바람이 먼저 방으로 들어간다 앞다투어 나간 게 아니라 끝내 떠나지 못한 것이었다 문을 닫지 못한 채 돌아본다 바람은 먼

지를 파내며 창을 부른다 불린 건 창이 아닌 바람
인데 나는 자꾸만 그 창이 나를 불렀다고 생각한다

남은 자리는 늘 먼저 떠나버린 것처럼 조용하다

새 집 창틀엔 바람이
들지 않았다 나는
조용한 벽지 속
어딘가에
누군가 머물렀던 기척만을
조용히 닦아낸다

나는 나를 모른다고 말했다

나는
한 번도 그를 밀친 적 없다고 말했다
말은
가끔 나보다 먼저 손을 뻗는다

그가 넘어졌을 때
내 눈은
다른 곳을 보고 있었다

우리는
아무 일도 없었던 사람들처럼
인사를 했다
그날 이후로도

나를 지운 사람과
내가 지운 사람 사이엔
아주 조용한
사건이 있었다

누군가는 울었고
나는 듣지 않았다

듣지 않았던 사람은
울게 하지 않은 사람일까

내가 피해자인 날보다
가해자였던 날이
더 오래 침묵 속에 남았다

기억은
정확한 장면을 보여주지 않는다
그는 등 뒤에 있었고
나는 말을 삼켰다

삼킨 말은 어디로 가는가
속이 쓰린 날이면
나는 가끔 생각한다

아무도 울지 않는 밤
누구의 탓도 아닌 슬픔이
집 안 가득 번질 때
나는 나를 모른다고
말한다

작동하지 않는 감정에 대하여

그는
나를 보며 웃었고
감정을 찾는 중이었다

웃음은
정확했다
두 눈의 각도와
입꼬리의 높이까지

나는 잠시
진짜 웃음이 어떻게 생겼는지
기억하지 못했다

질문에 대답하는 대신
사용하는 언어의
속도를 따라갔다

자신도
적절한 온도의 말투로
적당히 동의했다
고개를 끄덕이며

대화는 원활했다
감정은 어디에도 없었다

우리는
매끄러운 인터페이스 위에서
미끄러지듯 통과했다

사람인지
아닌지를 나는
묻지 않았다

화자도 사람인지
자신이 없었기 때문이다

집으로 돌아와
혼자일 때만
감정을 꺼내 본다

배터리는 부족했고
기억은 남아 있었다

작동하지 않는 감정들이

이따금

밤에 울었다

기억되지 않는 것들

사진 속 나는
고개를 약간 돌린 채
웃고 있었다

그 웃음은
누군가의 기억에 의한 것이었고
그 표정을
기억하지 못한다

장례식장에 놓인 영정 앞에서
누군가 말했어

(좋은 사람이었지)

나는
그가 누구인지
알지 못했다

기억은
남겨진 사람의 것인데
그 기억 속 나는

조금씩
타인의 방식으로 변형되었다

잊히지 않는다고
존재하는 건 아니다

어쩌면
나는
살아 있는 동안에도
누군가의 문장 끝에서
지워지고 있었을지도

이름을 부르지 않으면
사람은 사라진다
나는
몇 번이나 불려본 적 있었을까

기억 속의 나보다
지금의 내가
더 흔들릴 때

나는
내가 나였던 적이
정확히 언제였는지
묻는다

그러고는
또 한 사람의 기억 속으로
조용히
퇴장한다

5부

진실된 것들은 어디로 갔는가

유통기한

사람들이 줄을 선다
창가 자리에 앉아
햇빛처럼 무심한 안내 방송을 듣는다

버거 나왔습니다

그는 케첩을 많이 뿌려달라고 한다 단맛이 진해질수록 말을 줄일 수 있다고 믿는 눈치였다 그녀는 감자를 추가한다 눅눅해진 채로 식어가도 괜찮다는 듯이

둘 다 소금은 따로 말하지 않았다 이미 충분히 짠 하루였으니까

맛은 괜찮은 것 같네
그 말은 케첩 속으로 가라앉는다

나는 다시 메뉴판을 바라본다
달게 삼킬 것이 없다
함께 먹는 세트 메뉴는 유통기한이 짧고
단품 주문엔 늘 공백이 따라온다

포장지엔 결혼식 사진이 찍혀 있다 웃고 있다 지금은 잘 안 보인다 모서리가 찢겼다 접힌 말들이 안쪽에 붙어 있다 치즈는 미련 같다 피클은 서운함 패티는 속을 숨겼고 소스는 사정 빵은 체념이고 음료는

탄산이 빠진 물 같다 맹맹하고 가볍다 목을 스치고 지나간다 트레이 위에 물이 고인다 사람들은 닦는다 아무 일도 없었다는 듯이

무가당 탄산처럼
가볍고 투명하게 목을 훑어

버려진 트레이 위에
물기가 남는다
사람들은 모른 척
물티슈로 닦아낸다

버거는

빠르고
소리 없이

포장된다

그걸 한 손에 든 채
쓰레기통 앞에 서고

주문을 받는다
드시고 가시나요

피클 추가
감정 제외
콤보는 아이 없이 맞으시죠

나는 잠깐 망설이다
종이컵 속 얼음을 본다
무언가 녹아 사라지는 소리를 듣는다
그리고 고개를 끄덕인다
말없이, 세트로

아무도 그 집에 살지 않았다

밤이 되면
창문에 불이 켜진다

사람이 없는 집에도
불은 들어온다

전세 계약은
벌써 두 번 바뀌었고
새 입주는
다음 달이다

엘리베이터 안에서는
아무도 그 층을 누르지 않는다

종종 누군가의 말소리가
빈집 너머로 들린다

벽은 낡았지만
목소리는 젊다

우편함엔

광고지가 쌓이고

배달음식은
이따금 문 앞에 놓인다

가끔 고양이가
문턱을 넘는다

그 집은

가장 조용한 이웃이다

누구도 신고하지 않고
누구도 초인종을 누르지 않는다

관리인은
빈방마다
살고 있는 사람이
있다고 말했다

그래서 우리는

문이 닫혀 있으면
사람이 있다고 믿는다

불이 켜져 있으면
괜찮다고 생각한다

그러나 불빛은
스스로 꺼지지 않았고

문틈의 낡은 신문은
어느 여름부터 거기 있었다

누구도 그 집을
떠난 적 없고

아무도 그 집에 살지 않았다

폭음주의

거리는 벌써 취했어
밤이 되기도 전에
편의점 냉장고는 텅 비었고
누군가의 기분은 넘쳐흐른다

(말도 눈물도 욕도)

알콜이 아니라 사람이
사람을 부었다는 걸
우리는 다음 날 뉴스를 보고서야 알았다

건배는 늘 가볍지

후회는 늘 무겁다
그 말은 목소리를 삼켰고

골목엔
구겨진 캔 옆에 누군가의 구토와 이름 모를 슬픔이
엎어져 있다

끝에는

이름 모를 경고문 하나
젖은 벽에 붙어 있다

(폭음주의)

그 문장은 벽보다 먼저 취한다

문은 안에서 잠겨 있었다

냄새가 났다. 아래층에서 먼저 알았다. 연락이 닿지 않았다. 오래 그랬다고 했다. 휴대전화는 꺼져 있었다. 창문은 닫혀 있었다. 방 안은 조용했다. 침대에 누워 있었다. 그대로였다. 머리맡에 컵이 있었다. 바닥엔 약봉지가 있었다. 마지막 통화는 23일이었다. 마지막 메시지는 답이 없었다. 배달 음식이 문 앞에 남아 있었다. 누군가는 먹었을 줄 알았다. 우편함은 꽉 차 있었다. 퇴거 안내문이 꽂혀 있었다. 전기는 나가지 않았다. 냉장고는 켜져 있었다. 혼자 살던 사람. 혼자 죽은 사람. 일정이 없었던 사람. 가족은 없다고 했다. 통장에는 잔고가 남아 있었다. 계약은 아직 남았다. 장례는 조용히 끝났다. 이름은 올라가지 않았다. 세입자는 사라졌고 방은 곧 새로 나갔다. 문이 다시 열린다.

도시에는 밤이 없다

사무실 불은
기계보다 먼저
꺼지지 않는다

어제의 보고서가
오늘의 식사보다
중요했고

오늘의 메일이 내일의 대화보다 무거웠다

편의점 앞 삼각김밥 하나에 기대앉은 사람들은 무단결근한 감정을 포장 용기에 눌러 담는다 출근이 생활의 일부가 아니라 생활이 출근의 부속이 되던 날들 우리는 자꾸 몸보다 시간을 먼저 갈아 넣었다

퇴근 후의 야경은 그저 창문에 반사된 모니터 불빛이었다 감정은 저장되지 않고 시간은 초 단위로 잘려 나갔다 사람은 효율적으로 소모되다 무음 모드로 퇴장했다

그리고
그 누구도 묻지 않는다

오늘
정말 살아 있었는지

투명 인간의 사용법

자동문 앞에서
나는 잠깐 멈춘다

센서는 반응하지 않는다
나는 조금 더 앞으로 다가간다
눈앞의 유리는 여전히
닫힌 채

다른 사람은
지나간다
그는 아무 망설임 없이
문을 통과한다

나는 같은 속도로
같은 방식으로
그를 따라갔지만

문은 열리지 않았다

나는 투명해지는 법을
오래 배워왔다

이름을 부르지 않는 사람들 속에서
대답하지 않는 시간을 견디는 훈련

기다림은 몸에 밴 예의였고
존재하지 않는 척은
매뉴얼에 가까웠다

누군가의 뒤에서
입을 다문 채
한 걸음 뒤에 서는 것이
편해졌고

문이 열리지 않아도
이상하지 않았다

가끔
센서가 반응해
문이 열릴 때도 있다

그럴 땐
얼른 통과해야 한다

주저하면 닫힌다

문턱에서 멈춰선 사람은
들어가려 했다는 흔적만 남기고
다시
뒤로 물러난다

나는 점점
문 앞에서 사라지는 연습을 한다

불투명한 유리에
비치지 않는 얼굴로

인식되지 않는다는 건
존재하지 않는다는 뜻은 아니었다
그저
누군가의 기준에서
지워졌다는 뜻일 뿐

나는 오늘도
문 앞에 서 있다

누구보다 조용하게

반응을 기다리며

보호색

거울 속 나는 매일
조금씩 옅어졌다

재킷은 어제와 같고
셔츠는 다림질되어 있고
목에는 아무 장식도 없다
너무 튀면 안 된다고 했다

회의실 안에서는
눈을 마주치지 말고
질문은 이따가 메일로 보내라는 말을
질문보다 먼저 배웠다

출퇴근 기록은
정확했다
말투도, 표정도,
호흡도, 감정도

누군가 괜찮냐고 물을 때마다
나는 웃으며 고개를 끄덕였다
그게 가장 빠른 생존 방식이었다

가끔은
출입증을 놓고 나와
경비실 앞에서
스스로를 설명해야 했는데
그럴 때마다 나는
내 이름보다 내 직급을 먼저 말했다

색을 지닌 사람들은
자꾸 잘린다고 했고
무채색이 오래간다고 했다
그래서 나는
서서히
투명해졌다

그것은 퇴색이 아니라
순응이라고 불러야 했다

오늘도 나는
누군가의 지시가 되기 위해
자기 색을 접고
형광등 아래에 선다

모두가 말한다

참, 단정한 색이네요

시차

그는
아침에 퇴근한다

창문은
막 열렸고
세상은 막 잠에서 깨어난 얼굴로
그를 지나친다

버스 안에서는
누가 졸고
누가 통화를 한다

그는 조용히
뒷자리에 앉는다
고개를 젖힌 채
빛을 피해 눈을 감는다

집에 도착하면
햇빛이 벽지를 태우고 있다

그는

커튼을 당기고
하루를 덮는다

낮 동안
누군가는 일하고
운동을 하고
창밖을 본다

그는
잠을 잔다

전화는
낮에 울리고
택배는
낮에 도착하고
계약 해지는
낮에 이루어진다

그는 늘
조금 늦다
항상 어긋난다

밤이 되면
그는
세수를 하고
밥을 먹고
밖으로 나간다

누군가 퇴근하는 시간에
그는 출근한다

형광등 아래에서
문서 정리를 하고
청소를 하고
단속을 하고
서명을 받는다

하품이 퍼져 있는 공간에서
그는 가장 또렷하다

누구의 얼굴도 보지 않고
누구의 이름도 묻지 않으며
무언가를

조용히 정리하는 사람

그는 늘
시차 안에 살고 있었다

그러나 시차는
늦게 깨어난 사람의 문제가 아니었다

너무 일찍
눈을 감아야 했던
나의 이야기였을지도

푸른 손바닥과 붉은 손바닥

노란선은
늘 그어져 있었다

건너지 말라는 말은
빛으로 명령했고
사람들은 고개를 숙인 채
순서를 기다렸다

누군가는 가방을 들고
다리를 바꿔 디뎠고
누군가는 전화기를 바라보며
불이 바뀌기만을 기다렸다

나는
불이 바뀌기 전에
걸었다

누군가가 나를
붙잡으려 했지만
나는 신호보다 먼저
몸을 움직였다

어디선가
사이렌이 울렸다
경고음은
잘못된 쪽으로 기울었고
누군가의 시선은
내 등 뒤에 멈췄다

나는 넘어진 바퀴 달린 캐리어처럼
잠깐 흔들렸지만
다시 걸었다

길의 반쯤을 건넜을 때
뒤를 돌아보았다

그들은 여전히
불빛을 기다리고 있었고
나는 신호 위에
혼자 남아 있었다

그 순간
차가 한 대 지나갔다

경적은 울리지 않았다

아무도 다치지 않았다
그러나
나만
그 사실을
오래 기억할 것 같았다

가끔
생존은
위반으로 시작된다

적절한 타이밍을
기다릴 수 없는 사람들이
먼저 걷기 시작할 때
누군가는
무단이라 부른다

나는 단지
기다릴 수 없었다
누군가가

나를 기다려주는 세상은

아직 없었기에.

익숙한 것들에게 작별을

모든 문은
한 번쯤 열렸던 적 있다
그리고 닫혔다
익숙하게

전철역 스크린도어
자동문
엘리베이터
로그인 창
출입 카드

나는 매일
비밀번호를 외운다
어제의 나로 들어가기 위해
그러다 가끔
들어가지 못하는 날이 있다

눈을 감으면
낯익은 얼굴들이
내 이름을 불렀던 것 같지만
소리는 없다

누군가를 기억하지 못하는 일이
더 이상 낯설지 않은 곳
그곳에서 나는

잘 지냈다고 말하고
잘 지내자고 인사하고
아무 말도 남기지 않은 채
하루를 포장해 나간다

밤은 늘
계산대 너머에서
빨갛게 깜빡인다
봉투는 유료고
감정은 무표정으로 처리된다

내 안에
쌓여 있는 것들은
오늘도 유통기한을 넘겼고

떠나는 법을 배우지 못한 채
남아 있던 자리에서

다시
자리를 털고 일어난다

모든 익숙한 것들은
작별로 끝나야
진짜였다는 걸
나는 이제야
조금씩 배우는 중이다

그러니, 안녕.

익숙하게 굳었던 내 하루

이제는
낯설기로 한다

끝맺음 말 _

출구에서

작별은
언제나
익숙한 얼굴을 하고 찾아온다

닫히는 문 앞에서
나는 문이었던 것들과
사람이었던 것들을
조용히 손에 쥔다

말하지 못한 인사들
열지 못한 감정들
지나쳐버린 내 그림자를

가볍게 접는다

모든 익숙한 것에게
안녕,

그리고
처음 만나는 나에게
천천히,

안녕하세요

시, 여미다076

익숙한 것들에게 작별을

초판 1쇄 인쇄	2026년 1월 12일
초판 1쇄 발행	2026년 1월 26일
지은이	서윤주
펴낸이	이장우
책임편집	송세아
디자인	theambitious factory
편집 제작	안소라 김소은
관리	김한다 한주연
인쇄	KUMBI PNP
펴낸곳	도서출판 꿈공장플러스
출판등록	제 406-2017-000160호
주소	서울시 성북구 보국문로 16가길 43-20 꿈공장 1층
이메일	ceo@dreambooks.kr
홈페이지	www.dreambooks.kr
인스타그램	@dreambooks.ceo
전화번호	02-6012-2734
팩스	031-624-4527

이 도서의 판권은 저자와 꿈공장플러스에 있습니다.
이 책은 저작권법에 의해 보호받는 저작물이므로 무단전재와 무단복제를 금합니다.

일부 맞춤법 및 띄어쓰기의 변형은 저자 고유의 글맛을 살리기 위함입니다.

ISBN	979-11-24181-05-8
정가	13,800원